Michael Fink

Bau dich schlau!

Konstruierend und spielend die Welt erschließen

Jeder Lehrer muss lernen, mit dem Lehren aufzuhören, wenn es Zeit ist.
Das ist eine schwere Kunst.

Bertolt Brecht

Michael Fink

Bau dich schlau!

Konstruierend und spielend die Welt erschließen

verlag das netz
Weimar

Bitte richten Sie Ihre Wünsche, Kritiken und Fragen an:
service@verlagdasnetz.de
verlag das netz GmbH
Nummer 51
99441 Kiliansroda/Weimar
Telefon: +49 36453.71 40
Telefax: +49 36453.71 412

ISBN 978-3-86892-119-9

Lektorat: Marén Wiedekind
Gestaltung: Jens Klennert, Tania Miguez
Fotos: Michael Fink
Druck und Bindung: Förster & Borries, Zwickau
Printed in Germany

Weitere Informationen finden Sie unter www.verlagdasnetz.de.

In diesem Heft

LIU·JO
Coca-Cola
ALEX
CD2

Intro

Es war einmal ... die Basteltante. So oft benutzt wurde das Wort, dass man sich dieses Klischee einer Erzieherin von früher bildlich vorstellen kann: Mit Dutt und Lächeln, mit einer Schürze – und darin der Bastelschere, jederzeit einsatzbereit, um Fensterbilder und Bastuntersetzerchen zu produzieren. Sie war – und für einen Teil der Öffentlichkeit ist sie es wohl noch – das Sinnbild für ein überholtes Verständnis von Kindergarten: Lieb zu den Kindern und darauf bedacht, die Eltern mit mehr oder weniger von Kinderhand hergestellten Gaben anzurühren. An Bildungszielen – abgesehen von Schuhezubinden und Stillsitzenkönnen – wenig interessiert. »Basteln« passte auch im übertragenen Sinn zu diesem Berufsbild, meint es doch ursprünglich, handwerkliche Tätigkeit aus Zeitvertreib und ohne fachliche Ausbildung zu betreiben.

Im Zuge einer notwendigen Professionalisierung des Erzieherberufs geriet die Basteltante mehr und mehr ins Abseits. Ihre »Beschäftigung« wich offenen Angeboten und Projekten, die schon vom Namen her professionell wirkten: Um »Kreativität« ging es im »Atelier«, und »kleine Forscher« machten »Experimente« im »Labor« oder der »Forscherwerkstatt«. Dabei standen die Bezeichnungen oft im Gegensatz zu dem Bild vom Lernen kleiner Kinder, das man damit umsetzen wollte: In Ateliers geht es genauso wenig wie beim Forschen um zielloses Ausprobierenkönnen. Beim Begriff »kleine Forscher« spürt man, worum es geht: Um zukünftige »große Forscher« am Wissenschaftsstandort, nicht um die Anerkennung eines kindlichen Entdeckens der Welt.

Das Basteln geriet vielerorts dabei in die Nische – genau genommen die Ecke mit Werkbank, ein paar Werkzeugen und Holz- und Papierresten. »Die Kinder können hier nach Herzenslust bauen!«, bedeutet dann, dass sie in einer Werkstattecke nach eigenem Gusto bauen können, bis ihnen die Ideen ausgehen. Oder das Material – meist beides zusammen. Direkte Begleitung durch Erzieher ist vielerorts eher unüblich, und danach gefragt erzählen ErzieherInnen vom »offenen Ansatz« und dem Verbot, mit vorgefertigten Ideen zu kommen. Und sowieso sei das nicht ihre Sache »mit dem Bauen. Wenn wir einen Mann im Team hätten ...«

Kinder scheinen das Thema völlig anders zu sehen. Wenn ich Kindergärten mit Werkzeug- und Materialkisten in der Hand betrete – vielleicht vor einer dort durchzuführenden Fortbildung – bilden sich schnell kleine Menschentrauben: »Können wir mit dir bauen? Wieso nur mit den Erzieherinnen?« Offenbar gibt es da ein Bedürfnis bei vielen Kindern, das nicht genug zum Zuge kommt: Bauen oder basteln – die Kinder verwenden unser Unwort nämlich begeistert – mit Unterstützung eines Erwachsenen, mit Tipps für Bauvorhaben und Techniken, mit Sägehalten und Fachsimpeleien.

Was macht sie zu solchen Bastel-Fans? Bestimmt nicht die Freude an Bastuntersetzer und Makramee-Gehänge. Eher dies: Die große Anzahl an neuen Fähigkeiten, die man beim Werken, Tüfteln, Pfriemeln und Bauen erwirbt. Die sich automatisch einstellenden Erlebnisse, wenn man sich auf Materialien einlässt, Werkzeuge erprobt, wahnwitzige Ideen umsetzen will und dabei zu ganz anderen, überraschenden Ergebnissen gelangt.

Mit diesem Heft will ich dazu aufrufen, dem Bauen mit Kindern mehr Raum zu geben. Das Bauen ist zu universell und zu sehr den Kindern ein Grundbedürfnis, um zur Nebenbeschäftigung in Kindergarten und Hort neben all den »wichtigeren Dingen« zu werden. Bauen gibt den Themen, die so oft nur besprochen werden, eine Gestalt, bedeutet automatisch die viel beschworenen Erfahrungen mit Kopf, Herz, Hand. Bauen macht schlau!

Michael Fink

KOMPETENTE

Vom Sinn des Bauens – ein Cluster statt großer Worte

Intelligente oder intelligent organisierte Tiere bauen: Bienen bauen unter Nutzung eines mathematischen Tricks – der Wabenform – stabile Bauten. Biber errichten Schutz- und Wohnbauten mit raffinierten Eingangssystemen. Affen und Krähen gelten als besonders intelligent, weil sie den Sinn des Werkzeugs erkannt haben: Mit zugespitzten Stöcken können Affen geschickt Nahrung holen, Krähen benutzen gar die von uns gebauten Dinge – etwa wenn sie Nüsse zum Zerknacken vor Autos legen, um sie nach dem Überfahren aufessen zu können.

Für viele Vorgänge rund ums Denken nutzen wir Bau-Analogien. Ein Argument wird wie durch einen Pfeiler gestützt, kann notfalls auch untermauert werden. Fragil ist ein Gedanken-Gebäude, weil es eben nur im Kopf errichtet wird.

Kinder wachsen in eine Welt voll von »Bauwerken« hinein. Regale, Häuser, glatte Böden, Autos, Maschinen, Lampenmasten – alles wurde gebaut, steht ebenso wie die Bäume und Sträucher aufrecht, bleibt in Form, erfüllt Aufgaben. Es ist klar, dass Kinder versuchen, diesen Formen auf den Grund zu gehen, indem sie selbst nachbauen – alleine und zusammen.

Nicht umsonst nimmt einer der wichtigsten Begriffe für das Lernen kleinerer Kinder sprachlichen Bezug auf das Bauen: Ko-Konstruktion bedeutet in übertragener Form, sich gemeinsam handelnd ein Bild von der Welt zu machen – aber es kann eben auch in direkter, wortwörtlicher Form meinen: Kinder konstruieren zusammen, um sich ein Bild zu machen, um die Welt zu verstehen.

LEMON SODA
FRISCHE MILCH
FRISCHE FETTARME MILCH
LEMON SODA
FOTOBUCH

Fünf Fingerübungen: Was man vor dem Bauen tun kann

Wie fängt man an? »Zunächst zeichnet jeder einen Plan von seinem Objekt, und dann baut er das!« Sooft man diesen Satz auch hört, so unpassend ist er meist. Klar, wer ein ganz bestimmtes Objekt, eine ganz konkrete Maschine, ein bestimmtes Haus bauen will, braucht detaillierte Pläne. Wenn aber Kinder bauen, begeben sie sich eher auf Abenteuerreise: Mal schauen, wo mich das jetzt hin verschlägt! Um nicht immer wieder dort zu landen, wo sie schon waren – indem das Kind zum zehnten Mal das gleiche Laserschwert baut, das irgendwann öde wird – können sie Kreativität gebrauchen. Wie verschafft man sich diese?

Kreative Ideen entstehen in uns, wenn wir viele Eindrücke, Gedanken, Wahrnehmungen zu einer Sache gesammelt haben, die unbewusst im Kopf zu etwas Neuem zusammengesetzt werden. Also kommt es vor dem Bauen darauf an, mit dem Baumaterial möglichst viel zu tun – es anzufassen, zu betrachten, ihm auf den Grund zu gehen ... Je besser wir das Baumaterial kennen, desto mehr Ideen entstehen, was man alles damit machen könnte. Die folgenden fünf »Fingerübungen« helfen, aus meist vertrauten Materialien ungeahnte Ideen herauszuholen.

Ordnung schaffen? Ordnungen schaffen!

Aufräumen nach dem Arbeiten nervt meistens nur. Vorher bringt es das Gehirn auf Trab: Legen wir die Dinge, mit denen wir etwas vorhaben, in einfacher Ordnung aus, haben wir sie dafür alle in der Hand gehabt, in Augenschein genommen. Oft prüfen wir dabei unbewusst Größen, Mengen, Eigenschaften und machen sie uns damit vertraut – als gute kreative Aufwärm-Übung. Ordnen ist der halbe Anfang beim Bauen.

Zusammenbringen, was zusammengehört – und was nicht

Was passiert, wenn zwei zusammentreffen, die nicht zusammengehören? Manchmal entsteht etwas, das nach was aussieht und uns auf Ideen bringt. Eine gute kreative Vorübung für das Bauen ist es, Materialien fast planlos miteinander in Verbindung zu bringen. Das nimmt der Fantasie quasi Arbeit ab, denn der überraschende Eindruck, den miteinander in Verbindung gebrachte Dinge haben können, bringt uns auf ungeahnte Ideen.

Ideen entstehen, wenn man Dinge kombiniert, die man bisher nicht miteinander im Zusammenhang sah.

FRISCHE
FETTARME
MILCH

LEMON-
SODA

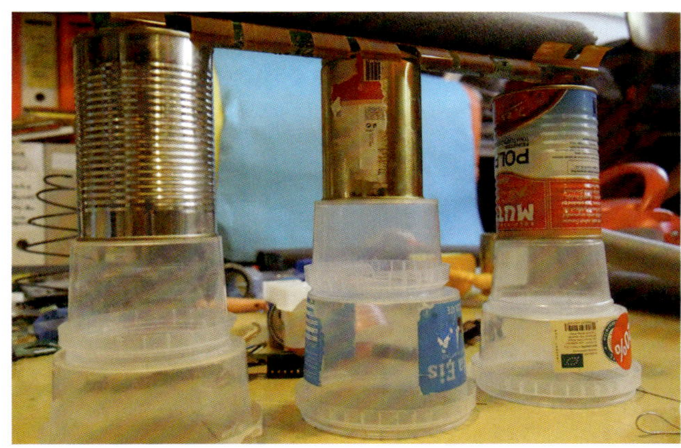

ecover

Spezi
SÖBBEKE
EXTRA
FRISCHEKAMMER
MILCHREIS
Zimt

ecover

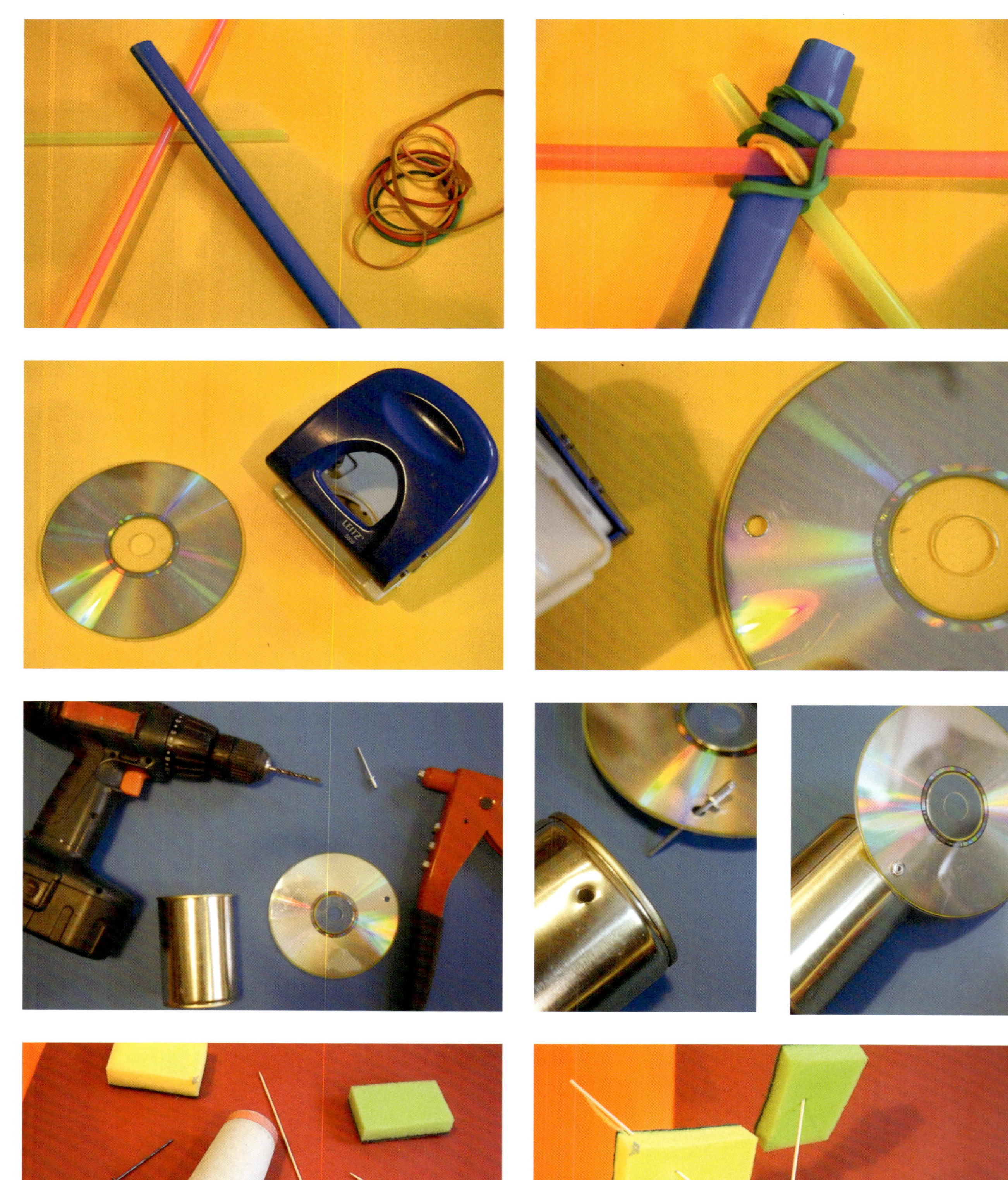
LEITZ

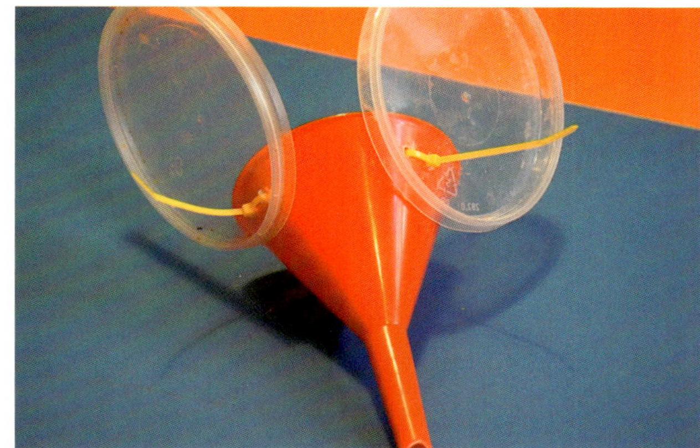

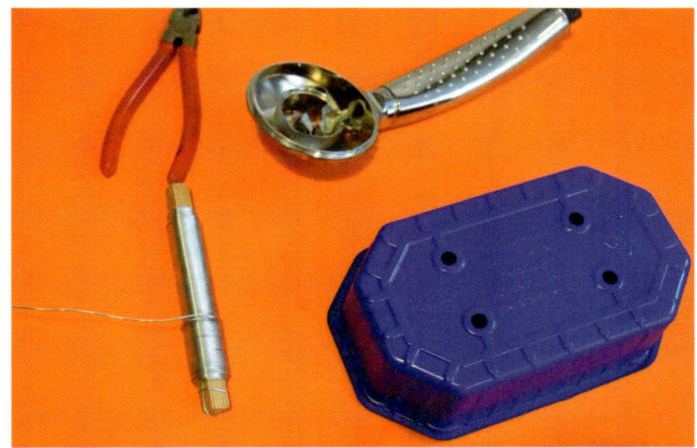

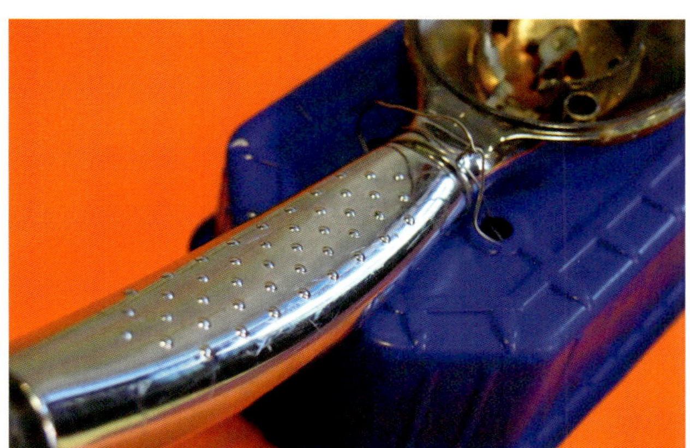

Überall Verbindungen schaffen

»Das klebt man besser – aber hier helfen eher Nägel ...« Anfänger in Bauwerkstätten, die zunächst vielleicht nur auf Heißkleber oder Klebeband schwören, merken verdutzt: Für jedes Material scheint es andere Techniken zu geben, um es gut mit anderen zu verbinden ... Andersherum bringt jede andere Technik, mit der man Materialien miteinander verbindet, neue Anwendungsgebiete hervor.

Beherrscht man ein Verbindeprinzip erst einmal und wendet es immer wieder an, können auf diese Weise riesige Gebilde entstehen, die dadurch ihre charakteristische Gestalt erhalten – etwa bei einem Turm aus gesteckten Stäben und Schwämmen, der an Fachwerkkonstruktionen erinnert.

Beim Verbinden kommt man der Stabilität auf die Spur – auch so ein Geheimnis, dem Kinder lange nahezukommen versuchen.

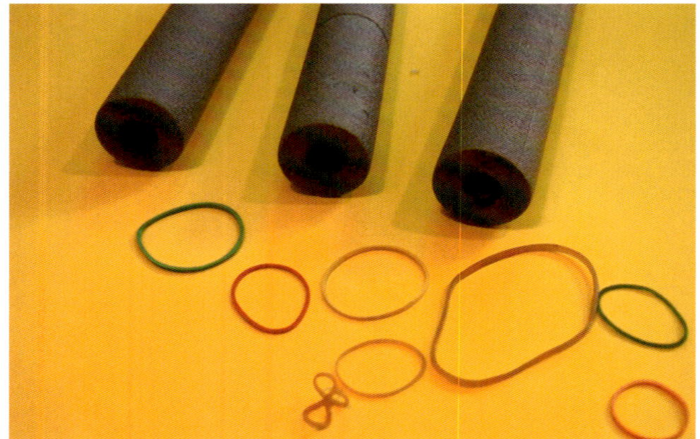

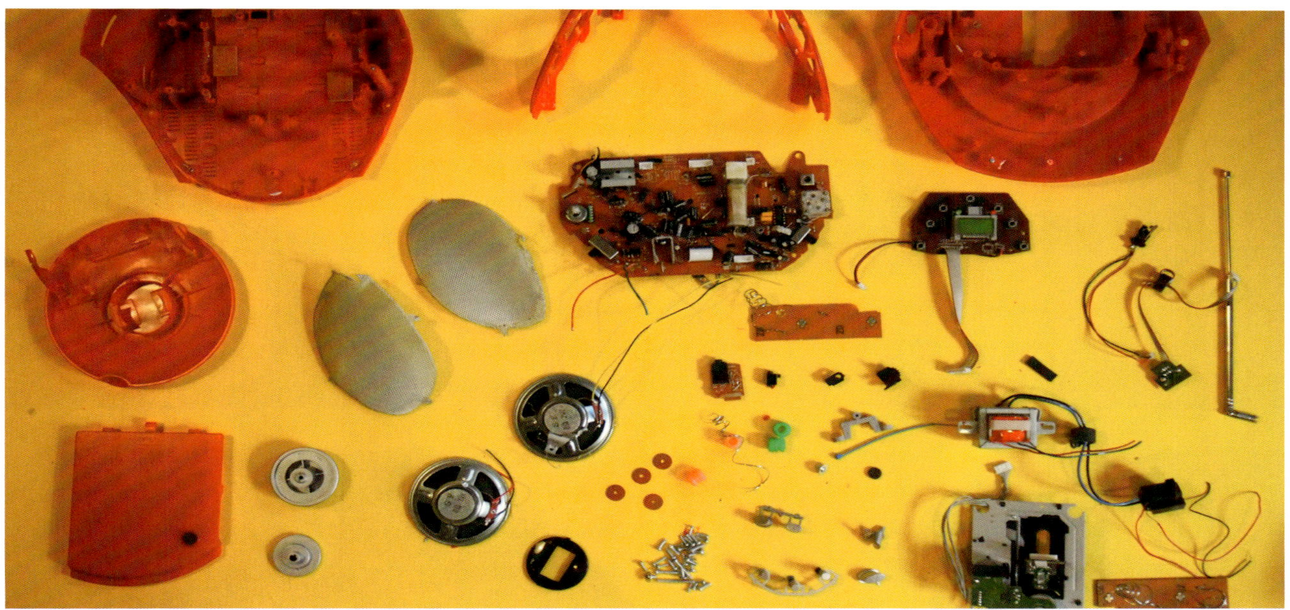

In alle Einzelteile zerlegen

»Der kriegt alles klein!«, sagt man über manches rabiate Kind. Etwas zu zerkleinern gilt uns oft als destruktiv, dabei haben die dahinterstehenden Beweggründe hohen naturwissenschaftlichen Ernst: Herausfinden, in wie kleine Teile sich etwas zerlegen lässt. Erkennen, woraus etwas zusammengesetzt ist. Austesten, durch welche Art von Krafteinwirkung die Dinge um ihre bisherige Form gebracht werden können. Überlegen, welchen Zweck die geborgenen Einzelteile vieler auseinandergenommener Dinge gehabt haben können.

Kleinkriegen lohnt sich – wenn dabei am Ende neue, ungekannte Materialien zum Bauen vor uns liegen.

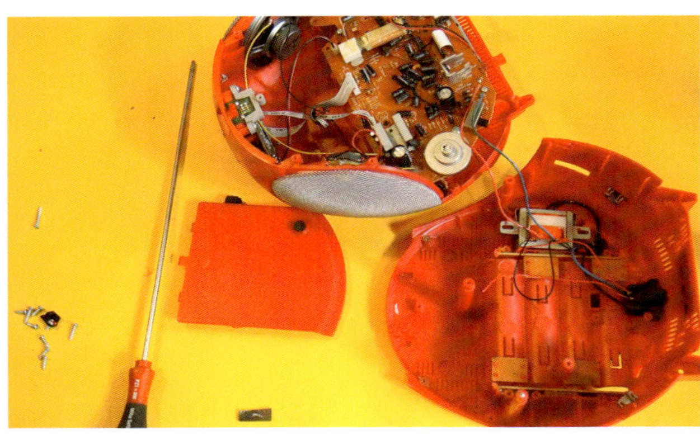

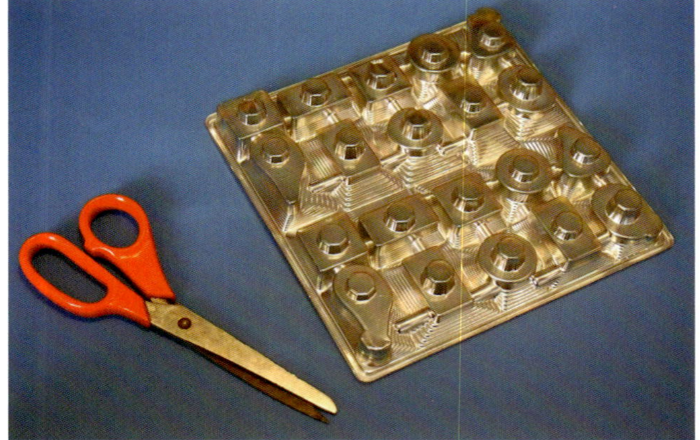

Völlig verformen

»Nicht wiederzuerkennen!« Statt durch Zerkleinern kann man viele Dinge auch durch Verformung verändern. Diesem Arbeitsschritt tut eine gewisse Gründlichkeit gut: Wo überall kann man in das Material einschneiden, um es zu verbiegen? Lässt es sich falten, biegen, platthämmern? Kann man seine Form irgendwie umkehren?

Noch mehr als die vorher genannten Fingerübungen kann das Verformen zu Überraschungen führen, wenn damit Körper plötzlich eine ganz andere geometrische Form erhalten. Oft ist das Ergebnis auch mathematisch interessant.

Beim maximalen Verformen zeigt sich erst, was alles in einem Ding steckt.

LEMON-
SODA

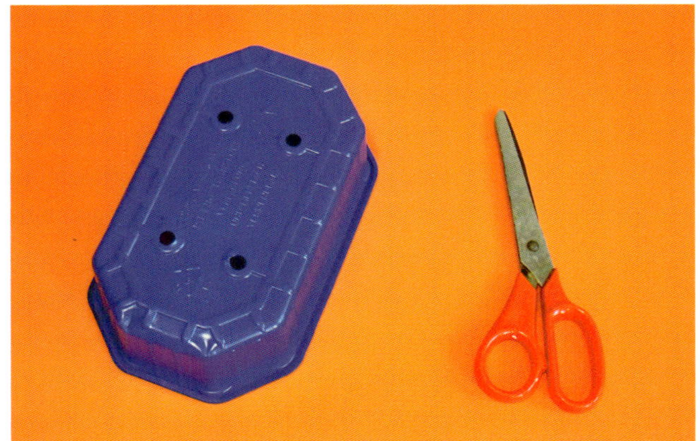

LEITZ

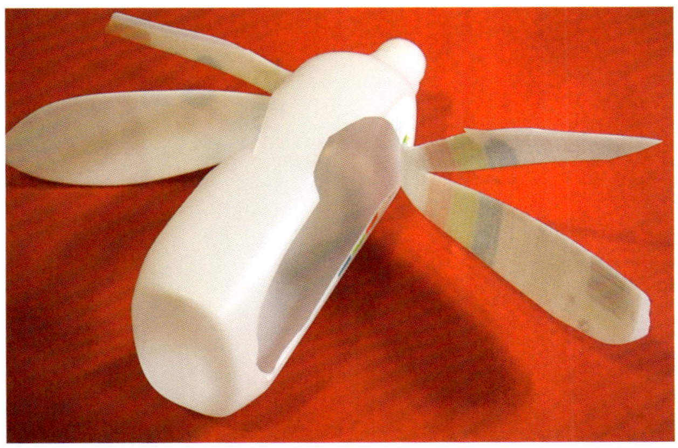

tesa

Drei gute Grundlagen für das Bauen

Kreative Prozesse sind nicht nur beim Bauen zarte Pflänzchen, die schnell verwelken können. Beim Bauen ist diese Gefahr besonders groß, denn viele Vorhaben lassen sich kaum spielend einfach realisieren, sondern beinhalten Momente, wo man nicht weiterkommt oder am liebsten alles hinschmeißen möchte. Um dann plötzlich nach der rettenden Idee mit Feuereifer weiterarbeiten zu wollen, obwohl Hunger und Durst quälen und die Zeit knapp wird. Hilfreich ist ein auf Kreativität abgestellter Rahmen. Auf dreierlei Weise können wir Kinder unterstützen, auf kreative Art bauen zu können: Erstens, indem wir ihnen spannendes Material zur Verfügung stellen. Zweitens durch Bereitstellung von geeignetem Werkzeug. Drittens, indem wir ihnen selbst aktive Begleiter sind.

Was zu denken geben: Gutes Material aus dem Alltag

Womit bauen Kinder? Mit allem Material, das verfügbar ist. Je nachdem, welche Dinge wir ihnen zur Verfügung stellen, ändert sich auch die Art und Weise des Tüftelns.

Typisch für unsere moderne Welt ist, dass wir in das Kinderleichte verliebt sind. Ob Smartphone, Auto oder Kochrezept: Gut ist, was leicht zu bedienen ist und uns möglichst viele lästige Arbeitsschritte abnimmt – mit einem Klick zum Ergebnis. Auch die Baumaterialien passen heute dazu: Leicht für Kinder ist es, mit Legosteinen zu mauern, Überraschungseier-Inhalte nach Anleitung zusammenzusetzen oder am besten einfach auf dem Tablet per Wischbewegung Konstruktionen zu errichten. »Leicht« bedeutet, dass man viel erreicht, ohne viel dafür tun zu müssen. Aber »leicht« spornt nicht an, macht kaum stolz, ist beliebig wiederholbar und deswegen schnell langweilig. Räumen wir die »leichten« Dinge weg, wird Bauen spannend. Zweige, Joghurtbecher, Strohhalme und Schrotteile haben gemeinsam, dass sie bauenden Kindern keine Arbeit abnehmen, sondern sie zum Denken und Tüfteln zwingen. Wie krieg ich das bloß da fest, wo es doch keine Noppen zum Befestigen gibt, keine Kleblasche, kein Knotenloch? Solche Dinge sind Denk-Material. Denken braucht Zeit, bis die Idee kommt. Schön, dass es im Deutschen neben dem »normalen« Denken auch das »Nachdenken« gibt, bei dem der Gedanke offenbar später wieder aufgegriffen wird, wenn die akute Denk-Aufgabe vielleicht gerade Pause macht! Gutes Nach-Denk-Material sind Dinge, denen die Kinder nicht nur beim Bauen begegnen, sondern auch sonst im Alltag. Genau deswegen ist meiner Erfahrung nach Alltagsmaterial so hervorragend zum Bauen geeignet: Dem Strohhalm oder der Plastikflasche, aus der ein Kind sein Flugzeug bauen will, begegnet es nicht nur in der Bauwerkstatt, sondern auch später daheim in der Küche – und der angefangene Denk-Prozess geht weiter.

Gute Bau-Materialien sind einfache Dinge, aber sie machen es uns nicht einfach.

Kreative Problem-Löser – gutes Werkzeug in Kinderhand

An Werkzeugen schätzen Kinder, dass sie besondere Kräfte zu verleihen scheinen: Mit einer bestimmten Zange kann man plötzlich dicken Draht schneiden, mit einer guten Säge ein Holz zerteilen. Oft sind bestimmte Werkzeuge für Kinder erst der Anlass zum Bauen: »Heute will ich mit dem Akkubohrer arbeiten, was kann man damit machen?« Eine sinnvolle Herangehensweise ist das, denn mit diesem so ziellos wirkenden Tun lernt man das jeweilige Gerät besonders intensiv kennen: Welche Arbeit kann es erledigen, was tut es dafür, wie ist es aufgebaut? Benutzen Kinder spannende Werkzeuge, verfolgen sie dieses mit gleicher Aufmerksamkeit wie einen

Film in der »Sendung mit der Maus« über die Herstellung von Bonbons oder Fahrradklingeln: »Hier dreht sich das, dadurch rutschen die beiden Messer aufeinander zu, der Draht klemmt ein und wird durchgeschnitten!«

Es lohnt sich, Kindern viele unterschiedliche Werkzeuge mit unterschiedlichen »Fähigkeiten« anzubieten, denn dadurch wird das Bauen kreativer. In vielen Kinderwerkstätten gibt es für die Grundarbeiten beim Bauen – zerschneiden, lochen, verbinden – nur jeweils ein oder zwei Werkzeuge: Zerschnitten wird immer mit der kleinen Säge, gelocht mit dem Kastanienbohrer, verbunden mit Heißkleber, und das klappt je nach Material dann mal besser, mal schlechter. Gibt es dagegen pro Grundarbeit mehrere Optionen, können Kinder experimentierend erproben, welches Werkzeug bei welchem Arbeitsschritt und Material am besten geeignet ist: Mal ist Heißkleben die beste Lösung zum Verbinden, ein anderes Mal ein Kabelbinder, dann wiederum eine Niete, eine Schraube oder Holzkleber. Eine Vielfalt an Möglichkeiten und Fähigkeiten braucht vielfältige Werkzeuge.

Dass in vielen Kinderwerkstätten nur wenige, einfache Werkzeuge bereitliegen, begründen die BetreuerInnen manchmal mit Sicherheit: »Mit der stumpfen Säge kann man sich wenigstens nicht verletzen, mit einer guten Blechschere schon.« Leider stimmt das Gegenteil: Gerade mit Werkzeugen, die für ihren Zweck kaum geeignet sind, kann man sich besonders schnell verletzen. Wer keinen guten Schraubenzieher hat, drischt irgendwann mit dem wackeligen Hammer auf das Werkstück ein, wer sich mangels einer guten Säge beim Plastikschneiden mit der Schere behilft, verletzt sich leicht.

Vor allem aber entsteht Sicherheit durch Dinge, die in »echten« Werkstätten Usus sind, bei Kindern dagegen immer vergessen werden: Man braucht Befestigungsmöglichkeiten für die zu bearbeiteten Materialien. Um Holzplatten sicher abzusägen, hält man sie nicht dabei fest, sondern spannt sie ein, gleiches gilt für das Bohren oder Schleifen von Dingen. Schraubstöcke, Federklemmen und Schraubzwingen entlasten das Kind von der schwierigen Aufgabe, gleichzeitig zu halten und zu werken.

Gute Werkzeuge machen Kindern das Bauen vielfältiger, sicherer, spannender.

Geburtshelfer für Ideen: Erwachsene Begleiter und Mitstreiter

»Was der sich immer ausdenkt!« Eltern und Pädagogen können sich begeistern, wenn Kinder sich zum Bauen und Tüfteln zurückziehen, um ab und an ein Ergebnis ihres Schöpfertums zu präsentieren. Man möchte gar nicht stören, sagen manche, um die Kreativität der Kinder nicht zu gefährden. Gut gemeint – aber haben wir die Kinder schon mal gefragt, wie sie das sehen?

Meine Erfahrung ist: Kinder wollen Beratung und Begleitung, besonders am Anfang eines Bauvorhabens. Sie sind dankbar, wenn ihnen jemand technische Kniffe zeigt. Etwa wie man auf verschiedene Weise Materialien verbinden kann, ohne immer nur das ewig gleiche Packband zur Hilfe zu nehmen. Wie man die Säge ansetzt, um gut zu sägen. Wie man sicher schneidet und bohrt, indem man das Werkstück fest auflegt … Sie sind ebenso dankbar für Vorbilder, denen sie nacheifern können: »Du kannst das Auto so ähnlich wie dieses bauen«, »Kuck mal, was die Kinder hier aus der Dose gebaut haben!« Kaum jemand hat Lust, ständig aus dem Nichts zu schöpfen und jede Technik neu zu erfinden. Nicht nur beim Bauen, überall entstehen gute Ideen, indem man vorhandene Ideen aufgreift, um sie fortzuentwickeln: »Ich hab mein Auto so angefangen wie dieses, aber dann habe ich eine neue Idee gehabt!«

Vor allem schätzen Kinder die Aufmerksamkeit, mit der wir ein gemeinsam erdachtes Bauvorhaben begleiten. Etwa wenn wir uns nach einer Weile Einzeltüftelei dem Kind zuwenden: »Mensch, dein Schloss ist ja ganz schön groß geworden. Wie hast du den Turm so fest hingekriegt?« Wenn wir Hilfe anbieten: »Wenn du mich brauchst, sag Bescheid!« Wenn sich das fertige Objekt am Ende wie eine gemeinsame Sache anfühlt – bei der das Kind die Regie hatte.

Viele Kinder gleichzeitig beim Bauen zu begleiten, ist nicht einfach, denn jedes braucht mal intensive Zuwendung für sein Vorhaben. Gut ist es, beim gemeinsamen Bauen »Sprechzeiten« zu vereinbaren – »Erst helfe ich Nele, danach komm ich zu dir!« – und kleine Aufgaben zur Vorbereitung und Überbrückung zu verteilen: »Mal doch schon mal auf, wie deine Rakete aussehen kann«, »Leg dir schon mal Werkzeuge und Materialien bereit!«

Ist ein wenig Zeit übrig? Dann empfiehlt es sich, selbst etwas zu bauen. Um sich mit den Kindern zu solidarisieren: Auch mir macht das Spaß, auch ich will etwas herstellen und herausfinden. Weil selber bauende Erwachsene sagen können: »Wenn du keine Idee hast, hilfst du erst mal mir.« Weil die Kinder dann erfahren können, wie man improvisiert, frustriert Ideen verwirft, stolz auf sein »Gebautes« ist. Eine – natürlich erwachsene – Seminarteilnehmerin sagte kürzlich: »Mir gefiel, dass du selbst etwas gebaut hast, anstatt uns nur machen zu lassen!«

Lernende wollen Begleiter haben, die sich selbst als Lernende zeigen.

Bau-Themen – Was Kinder bauen

Wer seit Langem mit Kindern baut, weiß: Bestimmte Bau-Themen kommen immer wieder vor. Einige besonders häufige Themen werden auf den folgenden Seiten vorgestellt. Überlegt wird, was Kinder eigentlich antreibt, immer wieder genau diese Dinge zu schaffen.

Dabei lassen sich mehrere wiederkehrende Motivationen für bestimmte Bau-Themen ausmachen:

»Was passiert, wenn ...?«

Bei vielem, was Kinder bauen, geht es offensichtlich darum, sich mit erkannten Naturkräften auseinanderzusetzen. Dieses Motiv zum Bauen steht also in Tradition der bei Kleinkindern so gut zu beobachtenden »elementaren Experimente«, mit denen diese etwa der Schwerkraft, der Rotation, der Balance auf die Spur kommen wollen. In vielen Bauvorhaben lebt dieses Interesse fort, wenn Kinder etwa waghalsige, immer kurz vorm Einsturz stehende Bauwerke errichten, lange Rollbahnen für Murmeln, möglichst effektive Katapulte ... Oft kann man diese Bauvorhaben als eine Art Versuchsstation betrachten. »Wie funktioniert denn das?« Eine ähnliche Motivation liegt vor, wenn Kinder Dinge nachbauen, um deren Aufbau zu ergründen.

»Was finden die Großen daran?«

Viele Bauvorhaben entstehen aus der Motivation, Dinge aus der Alltagswelt nachzuempfinden, um sie auf diese Weise spielend untersuchen zu können – etwa nachgebaute Handys, Autos, Maschinen aller Art. Sie sind praktisch selbstgefertigte Rollenspiel-Accessoires. Besonders Dinge, die für Erwachsene Status verkörpern und großen Wert darstellen, werden auf diese Art bauend nachempfunden.

»Damit fühle ich mich stark!«: Weil zum Kindsein eben auch Angst und das Gefühl dazu gehören, klein und schwach zu sein, bauen Kinder oft Dinge, mit denen sie sich stärker, sicherer, größer fühlen. Objekte, die dabei entstehen, können genauso gut symbolisch Schutz versprechen – wie bunkerartige Papphäuser, in denen das Kind alles Lebensnotwendige um sich schart. Oder mit denen sie aggressiv wirken – wie fiktionale oder durchaus einsetzbare Waffen. Oder es sind Attribute wie Königinnenkronen, Polizeikellen, Detektiv-Ausrüstungen, die Stärke verleihen sollen.

»Ein uraltes Menschheitsthema!«, stellt man bei vielen Kinder-Bauvorhaben fest. Ohne dass es den Kindern bewusst ist, versuchen sie bauend immer wieder, Fragen zu klären, die Menschen vor vielen Generationen untersucht und vielleicht auch geklärt haben: Wie kann man Dinge ins Rollen bringen, wie Monster vertreiben, Alltagsprobleme mit Technik lösen ...

Hierzu passt ein Grundgedanke der Ko-Konstruktion gut: Die Welt, die um uns ist, kann man nur verstehen, indem man sich gemeinsam aufmacht, sie Stück für Stück nachzubauen.

VARTA

Autos

Manche Kinder sagen »Auto«, bevor sie Mama und Papa sagen. Im Krippenalter schon gehören Fahrzeuge wie Autos, Lastwagen, Züge zur Spielzeugwelt der Kinder dazu. Der Begeisterung der Kleinen für Autos scheint auch die Tatsache, dass ihr erstes Fahrzeug meist zweirädrig ist, keinen Abbruch zu tun. Was fasziniert Kinder an den rollenden Kisten, die ihre Rolle als Statussymbol für die Erwachsenen immer mehr zu verlieren scheinen?

Den Anfang scheint das Phänomen des Rollens auszumachen. Dinge mit Rädern, stellt das Kleinkind fest, können sich auf wesentlich bessere Weise als andere Dinge bewegen oder bewegen lassen. Ein Schubser – und schon gleitet das Holzauto weiter, als habe eine Kraft dort drin nur darauf gewartet, dass das Kind sie freilässt. Fahrzeuge mit Antriebssystem – vom Motor bis zur simplen schiefen Ebene – können sogar von selbst fahren. (Deswegen enthält das Wort »Automobil« ja auch das griechische Wort »auto« für »selbst«!)

Phänomenal beim rollenden Fahrzeug ist für das Kind außerdem, dass dabei eine zweite »magische Kraft« sichtbar wird, nämlich die der Rotation. Wenn sich Räder einmal drehen, können sie sich aus eigenem Schwung weiterdrehen. Durch die Drehung verändern sie ihr Äußeres, ihre Oberfläche scheint

zu Kreislinien zu verwischen, um erst nach dem Stehenbleiben wieder das alte Aussehen zurückzugewinnen.

Wie alle großen Bau-Themen ist das Auto-Erfinden kein Fingerspiel. Ein Kasten mit vier Kreisen dran – so einfach mag das aussehen. Wer anfängt, auf dieser Basis Autos zu bauen, merkt schnell: So einfach klappt das nicht. Bei jedem Schritt des Fahrzeugbauens müssen Kinder tüfteln, erste Ideen verwerfen, verbessern, umdenken.

Auto-Fragen

- Warum kommt eines der vier Räder oft nicht auf den Boden? Warum eiert mein Fahrzeug, und was hat das mit Eiern zu tun? Wie macht man, dass Räder einerseits an der Karosserie befestigt sind, sich aber trotzdem drehen? Was wird anders, wenn mein Fahrzeug größere oder kleinere, schmalere oder breitere Räder bekommt?
- Kann ich mein Auto mit einem leerwerdenden Luftballon antreiben? In welche Richtung muss er zeigen? Wie dosiert man den Luftausstoß und wie verhindert man, dass die Luft zwischen Aufpusten und Losfahren schon entweicht?
- Taugt als Antrieb ein Gummiband? Um die Räder

gewickelt, sodass es sich wie eine Feder aufzieht? Zwischen zwei Pfosten gespannt, um das Auto wie mit einer Zwille abzuschießen?

- Lässt es sich mit Segel ausstatten und per Blasrohr voran pusten? Mit Brausetablette und Essig im Röhrchen ausstatten, auf dass es nach dessen Explosion nach vorne schießt?
- Kann ich – mit Hilfe – einen kleinen Elektromotor anbauen, mit dem das Auto angetrieben wird? Wie übertrage ich die Drehkraft vom kleinen Rädchen am Motor auf die Radachse?
- Was braucht mein Auto, damit es »cool« aussieht? Glitzer (oder ist das nur was für Mädchen?), grelle Farbe, Beschriftung? Warum kann man mit einem Auto protzen?
- Warum kann man kein Spiel-Fahrrad bauen, das beim Hinabrollen nicht umkippt? Hilft es, wenn ich auf mein Mini-Rad eine Figur setze?
- Finden Erwachsene Autofahren so toll, wie sich Kinder das vorstellen? Warum schimpfen sie dabei und darüber? Macht es mehr Spaß, alleine im Auto zu sitzen oder mit vielen im Bus?

POWER
FM ST.

Hightech

Ebenfalls von klein auf interessieren sich Kinder für Handy, Smartphone, Computer. Zweifelsohne entsteht dieses Interesse aus der Beobachtung von Erwachsenen im intensiven Umgang mit den Geräten, dem die Kleinen auf die Spur kommen möchten. Es fasziniert sie, wie durch kleinste Berührungen oder Knopfdruck Bilder oder Geräusche daraus hervorgeholt werden können. Hoher Anreiz zur Beschäftigung damit dürfte auch sein, dass Größere gerade diese kostspieligen Dinge vor ihnen verteidigen. Im Bau-Alter besitzen Kinder meistens noch keine dieser teuren Geräte und deswegen reizt es sie beim Nachbauen wohl schon alleine, den damit verbundenen Status wenigstens im Spiel nachzuerleben.

Ein besonderer Genuss für Kinder scheint es zu sein, für das Nachbauen und Neuerfinden von Smartphone oder Computer echte Technik-Reste zu benutzen, wie man sie beim Auseinanderbauen von Maschinen aller Art gewinnen kann. Das gibt dem später gebauten Gerät besonderen Echtheitswert. Ein von mir begleitetes Bauvorhaben beeindruckte mich besonders nachhaltig: Ein Junge baute einen defekten Laptop auseinander, um das entnommene glänzende Display zunächst zu einer Art »Tablet« zu ernennen – aber das war ihm nicht genug. Deshalb baute er zusätzlich eine Tastatur aus den sorgsam abgepopelten Tasten des Laptops, aufgeklebt auf alte Gehäuseteile, um beides zu verbin-

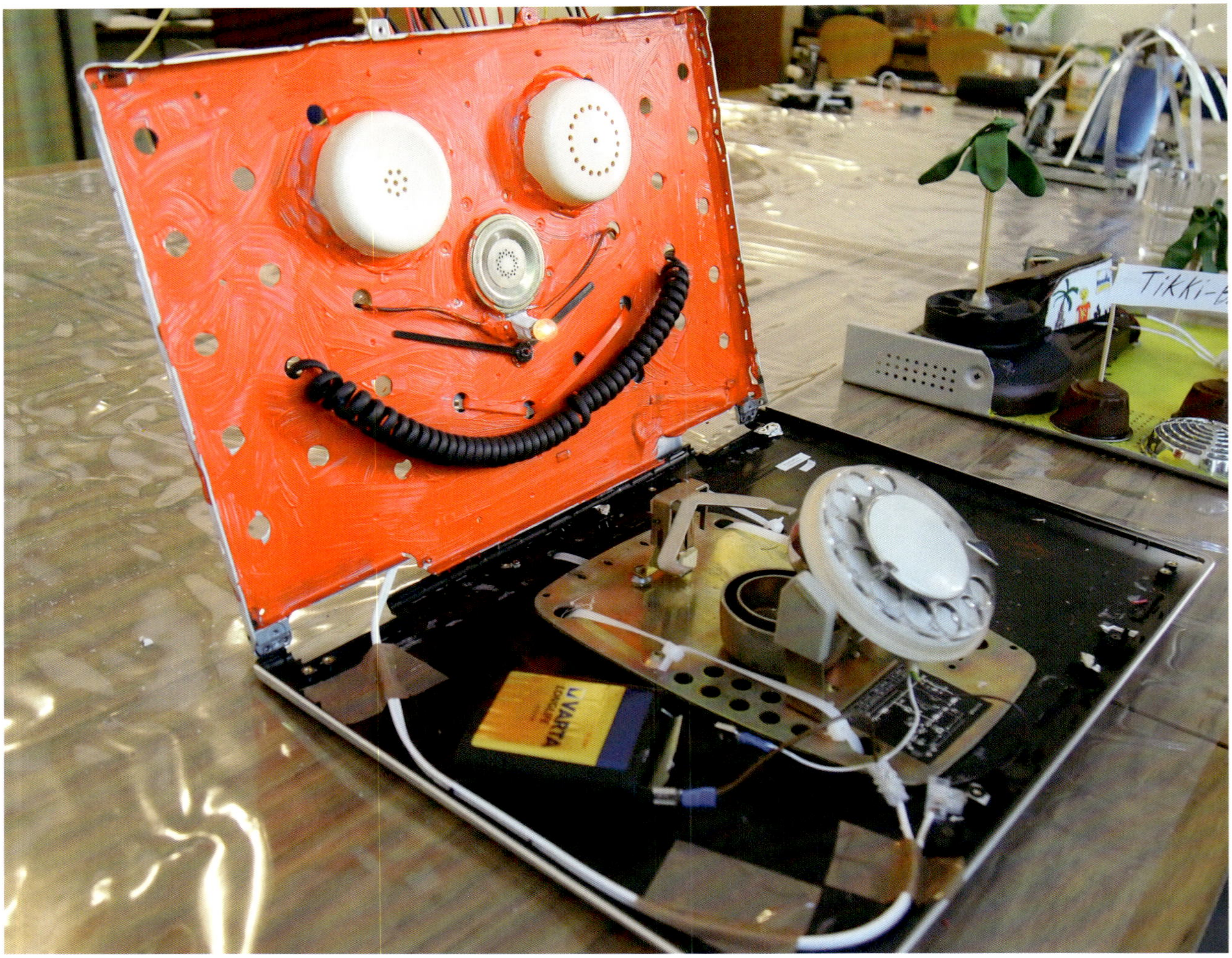

den und stolz zu verkünden: »Ich habe einen Laptop gebaut!«

Hightech-Fragen

- Wenn man doch nichts davon sieht: Wo entstehen in den Bauteilen echter Smartphones oder Computer die Bilder und Geräusche?
- Was schreibt man eigentlich auf diesen Tastaturen in die Geräte hinein – und wozu tut man es?
- Wer gibt die Antworten auf Fragen, die man in Geräte hineinschreibt?
- Können Geräte wie Computer und Smartphone alles?
- Welche Vorgänge auf der Welt würde ich gerne »per Knopfdruck« erledigen?
- Welche Probleme könnten Computer der Zukunft lösen, welche Aufgaben erfüllen? Und wäre das gut für uns?
- Was fasziniert Erwachsene und Jugendliche eigentlich so sehr daran?
- Warum landen von etwas, das so kostbar ist, so viele Exemplare im Müll?
- Was passiert, wenn man hinter dem Bildschirm spielt, statt animierte Spiele darauf zu verfolgen?

Waffen

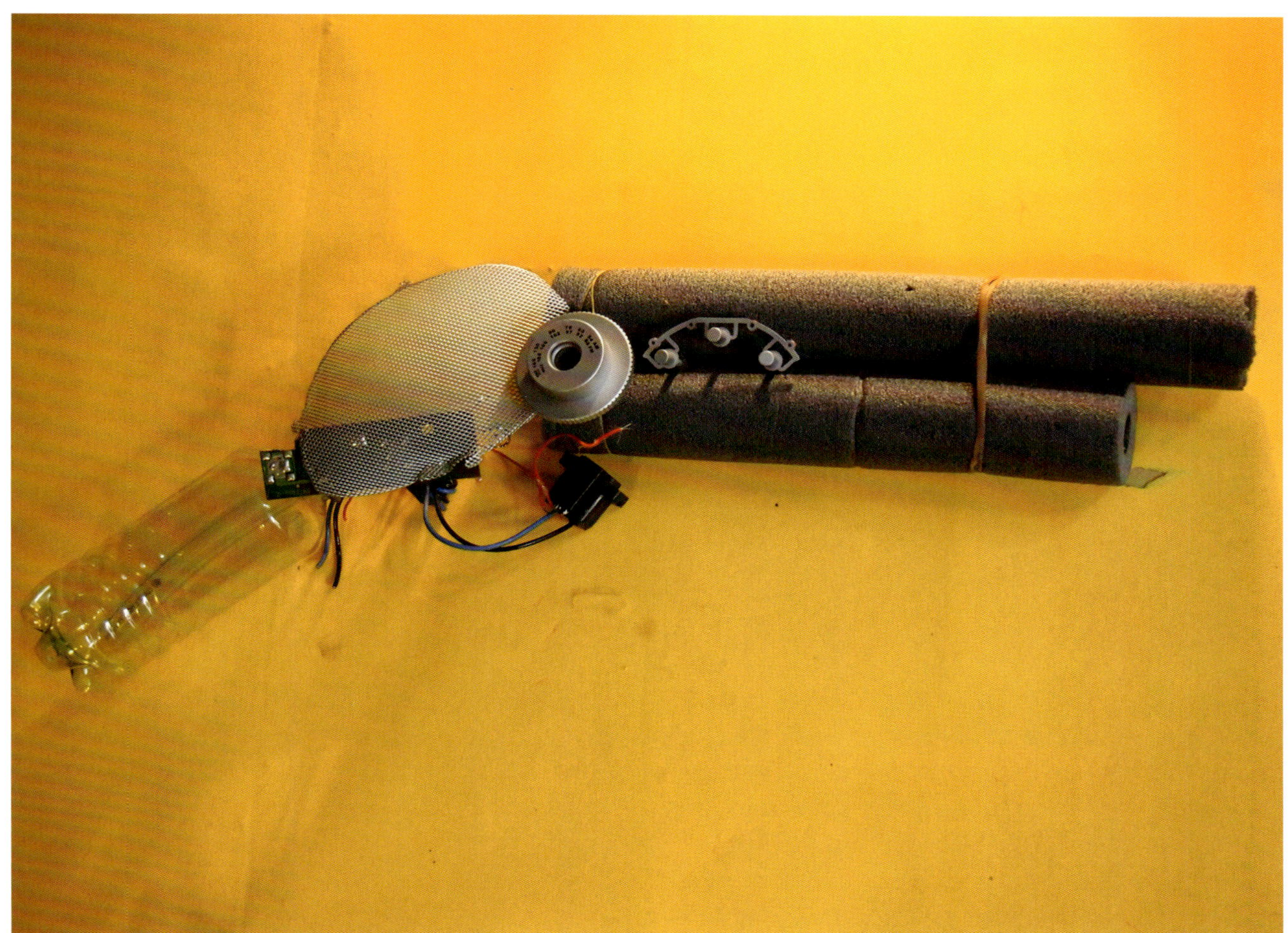

Schwer verpönt ist der Bau von Pistole und Co in den Kindergärten und Schulen des drittgrößten Waffenexportlandes der Welt. Gut gemeint – aber zielführend? Dürfen Kinder »bauen, was wir wollen«, sind Waffen meiner Erfahrung nach überraschend oft das Ergebnis: Seltener solche mit realem Vorbild, häufiger orientiert an Science-Fiction-Filmen. Das mag man als Ergebnis kommerzieller Verblödung wahrnehmen, kommt aber um die pädagogische Einsicht nicht umhin: Wenn es gilt, Bedürfnisse und Themen des Kindes zum Ausgangspunkt pädagogischen Handelns zu machen, kann man das Thema »Waffen« nicht ausblenden.

Es wäre auch schade, wenn man es täte. Während Kinder Raketensysteme, Bomben, Laserschwert und Co bauen, ergeben sich – mit gutem Willen der Erwachsenen – schnell intensive Gespräche über das, was mit den Waffen aufgehalten, bekämpft, meinetwegen auch niedergestreckt werden soll. Eine riesige und eine winzige Rakete baute kürzlich ein sehr sanfter Junge in meinem Beisein, um zu erklären, dass er die große, prächtige behalten, die kleine, schmächtige hingegen seinem Bruder geben wolle, um damit gegeneinander zu kämpfen. Bestimmt nicht nett gedacht – aber toller Gesprächsaufhänger über Brüderstreit.

Überaus selten geht es beim Waffen-Erfinden darum, andere grundlos zu dominieren und zu terrorisieren, wie man das als rechtschaffener Pädagoge befürchten mag. Viel häufiger erfährt man von Ängsten vor Unter-Bett-Monstern oder (echten) größeren Kindern. Eigentlich ist es logisch: Weil zum Kindsein dazu gehört, sich schwach und ohne Größere wehrlos zu fühlen, bauen viele Kinder »Waffen«, mit denen sie sich in der Fantasie quasi zum unerschrockenen Erwachsenen erweitert fühlen können. Man kann beobachten: Je schwächer, ungerechter behandelt, unsicherer Kinder sich fühlen, desto mehr bauen sie Waffen.

Davon einmal abgesehen bieten Waffen physikalisch durchaus reizvolle Fragestellungen – rund um die Energie, die man aus einer gespannten Feder oder einer Explosion herausholen kann, um Pfeile oder andere »Geschosse« durch den Raum fliegen zu lassen. Bei Flitzebogen, Blasrohr und Katapult steht dieser Spaß am Wumms im Vordergrund, nicht die Angriffs- oder Verteidigungsfunktion der Waffe.

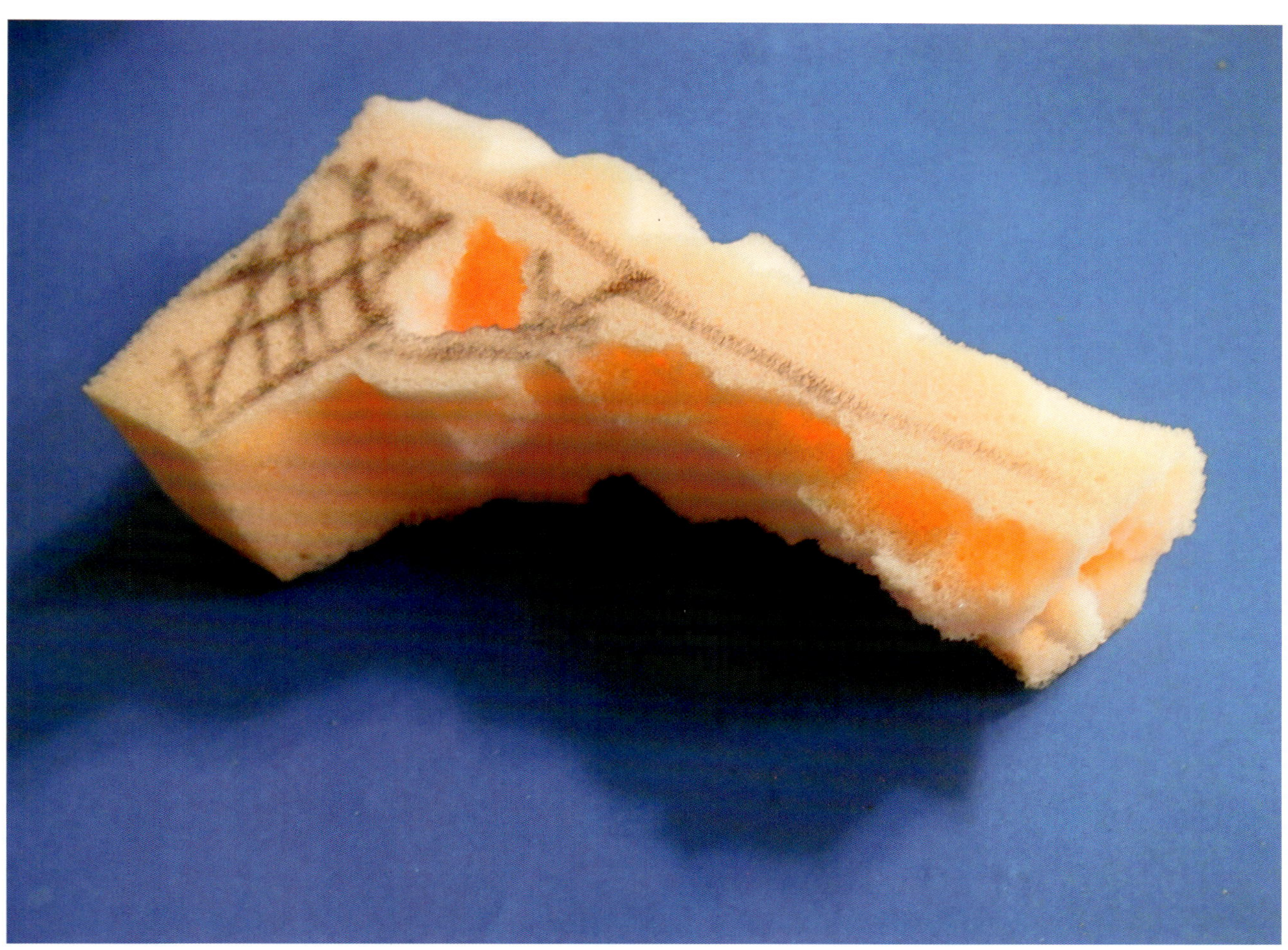

Waffen-Fragen

- Wie kann man sich durch Panzerung vor Gefährdungen schützen?
- Welche Tiere greifen Menschen an, wie könnte man sich schützen?
- Warum macht es anderen Angst, wenn ich ihnen mit Spielwaffen gegenübertrete?
- Warum macht es Spaß, »Krieg« zu spielen?
- Warum ist es gut, bei Streit keine Waffen zu haben?
- Warum hat man manchmal Lust, alles kaputt zu machen?
- Warum macht es Angst und Spaß zugleich, wenn es – zum Beispiel zu Silvester – »wumms« macht?
- Wie kann man Kraft speichern, um sie plötzlich frei zu lassen, um Dinge »hervorschießen« zu lassen? Für welche harmlosen Aufgaben könnte man diesen Effekt nutzen?

Schlösser und Burgen

Einen Sinn für Schönheit erkennen wir beim Bauen von Schlössern oder Burgen, was eigentlich gegenüber dem Waffenbau ungerecht ist: Schließlich hatten Burgen vor allem militärische Funktionen, und prachtvolle Schlösser dienten der Machtdemonstration genauso wie Waffen.

Was reizt Kinder an Burgen? Vielleicht die Vorstellung einer abgeschotteten, unnahbaren, durchaus auch etwas verkrachten Nebenwelt. Schlösser heißen so, weil sie »verschlossen« sind: Sie sind das Idealbild einer Welt, in die keiner rein kann, der nicht soll. Das klingt wie ein erstes Kinderrecht: Ich entscheide, wer in meine Welt eintreten darf, und deshalb ist sie mit Mauer und Zugbrücke gesichert. Das Schloss – vor allem als Burg – ist ein Haus, das gegen Eindringlinge und Zerstörer besonders gut gesichert ist. Als Burg hat es dafür Türme, um Überblick über die Welt zu haben, Besucher zu erkennen und über den Dingen zu stehen. Es scheint eine Vorstellung der Kinder vom Erwachsensein zu sein, die im Schloss auf den Punkt gebracht wird: Selbstbewusst, wehrbar, die Dinge überblicken können. Entsprechend finden in den Spiel-Schlössern der Kinder auch erwachsene Dinge statt, etwa Ritterschlachten und Hochzeiten. Kaum ein Kind spielt die Kindheit auf der Burg nach.

Insbesondere Schlösser scheinen Kinder auch mit ihrer eindeutigen Ästhetik zu beeindrucken. Bauen Kinder sie nach, kommen fast immer symmetrische, klar gegliederte Bauten heraus, mit sorgfältig verteilen Dekorationselementen: Hier ein Turm, dort auch, in der Mitte ein Portal.

Schloss- und Burg-Fragen

- Wodurch sieht ein Gebäude festlich, elegant, reich aus?
- Wie sieht ein Haus wehrhaft aus?
- Wie schafft man Türen, durch die der Burgbewohner kommt, nicht aber »Feinde«?
- Wie versorgen sich Burgbewohner bei Belagerungen? Wie beseitigen sie ihren Müll, und wie funktioniert das mit dem Klo?
- Wie schafft man perfekte Symmetrie?
- Warum ist die echte Welt selten so geordnet wie am Schloss?
- Wie ist das Leben auf dem Schloss, wenn man nicht König, Königin, Ritter, Prinzessin ist – sondern Bediensteter?

Türme

»Der will hoch hinaus!«, lautet eine Charakterisierung von Menschen mit großem Antrieb, die gut zum Turmbau passt. Hohe Türme bauen Menschen schon seit mehreren tausend Jahren, und dass bei diesem Versuch oft die Grenze des Scheiterns erreicht wird, erzählt schon die biblische Geschichte vom Turmbau zu Babel: Wer sich zu hoch hinaus wagt, kann fürchterlich scheitern. Dass der Einsturz dieses Turmes keine Fantasie war, sondern auf Erfahrung basierte, belegen zahllose überlieferte Geschichten von Kirchtürmen, Schlosstürmen, hohen Tempelbauten, die immer wieder nach kurzer oder längerer Zeit einstürzten. Auch (historische) erwachsene Architekten haben offenbar immer wieder den Zweikampf mit der Schwerkraft gesucht.

Wenn Kinder Türme bauen, scheinen sie die uralte Kraftprobe wiederaufleben lassen zu wollen: Wie hoch schaffe ich es? Die Konstruktion ist meist allein diesem Prinzip geschuldet, kaum der Ästhetik. Beim Turmbau spielt man immer mit einem geheimnisvollen, unsichtbaren und doch unerbittlichen Gegner, nämlich der Schwerkraft, die all die gebaute Größe plötzlich, höchstens mit kleiner Vorwarnung, zum Einsturz bringen kann. Türme baut man von klein auf im Wettlauf mit dieser Kraft.

Versuch und Irrtum gehören beim Turmbau zum Spiel dazu. Wer immer wieder Türme errichtet, lernt quasi von selbst die wichtigsten Grundsätze der Statik – zum Beispiel, dass sich nach oben verjüngende und leichter werdende Türme stabiler sind.

Turm-Fragen

- Warum werden Türme stabiler, wenn sie unten breiter als oben sind?
- Warum werden Türme stabil, wenn sie ganz exakt symmetrisch sind?
- Aus welchen unterschiedlichen Materialien sind bekannte Türme – Eiffelturm, Domturm, Burgturm, Hochsitz etc. – gebaut? Gibt es Gründe für das jeweilige Material?

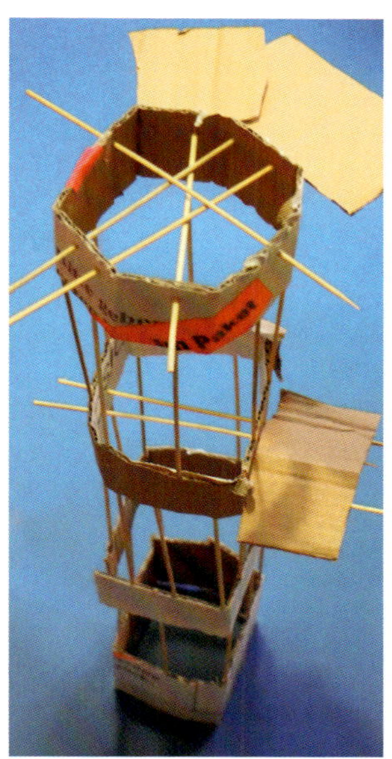

- Wieso kippen Bäume, die unten schmal und oben breit sind, nicht ein?
- Wie kann man Türme aus Streben bauen, ohne dass diese sich seitlich verbiegen?
- Wie bekommt man beim Turmbau das Baumaterial nach oben? Gibt es Türme, die in Teilstücken gebaut und am Ende zusammengesetzt werden?
- Wie ist es, im Hochhaus ganz oben zu wohnen? Und beim Ausfall des Fahrstuhls stundenlang Treppen steigen zu müssen?
- Wie wäre es, im Baumwipfel zu wohnen?
- Schwanken echte Türme im Wind?

Lebewesen

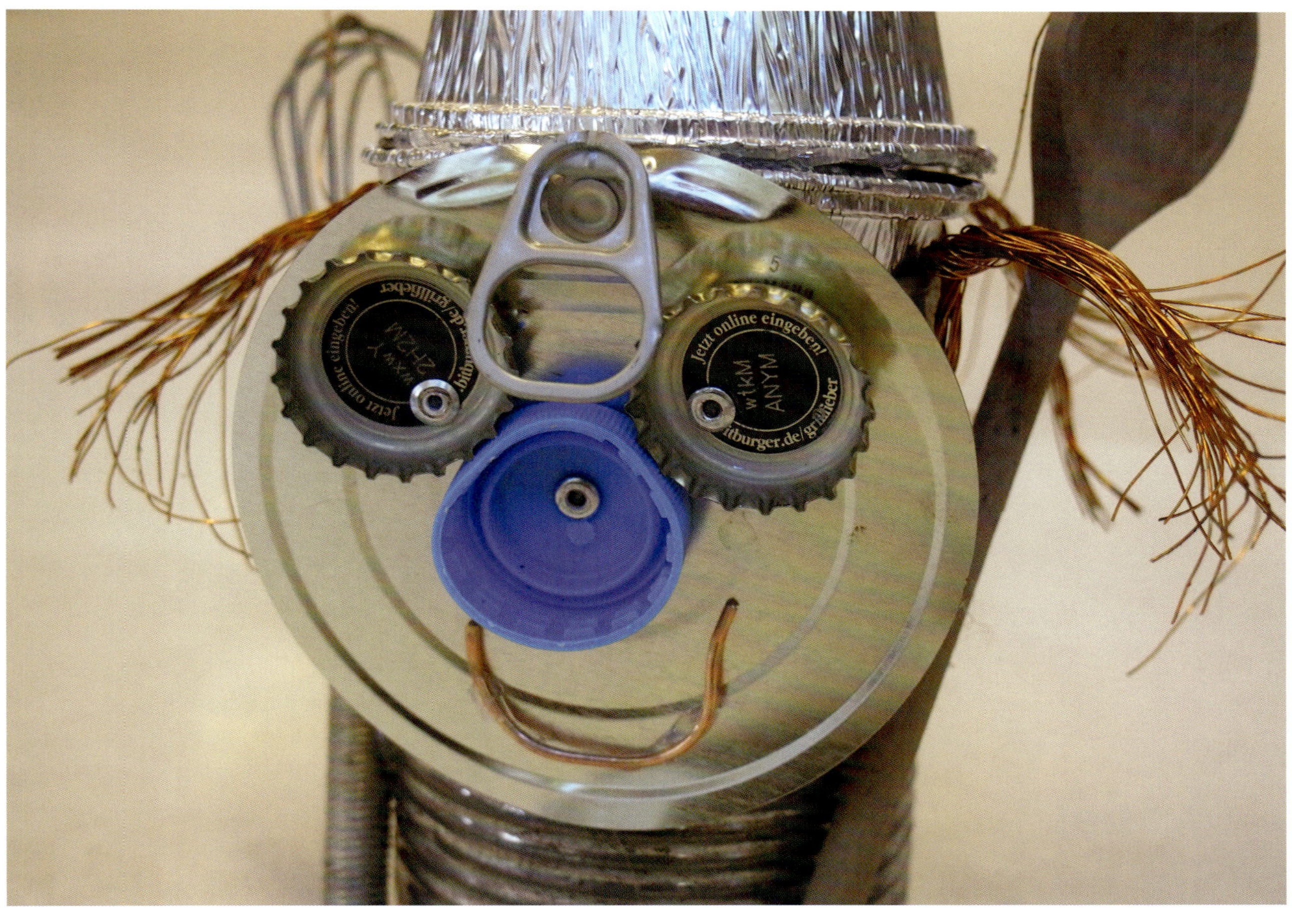

Damit fing das »Basteln« an, könnte man salopp sagen: Die ältesten erhaltenen Kleinkunstwerke der Menschheit aus der Steinzeit – kleine, geritzte Steinfiguren – bilden Menschen und Tiere nach. Unklar ist die Funktion dieser prallen »Venusfiguren« und »Löwenmänner«, denn es gibt damals wie heute viele Gründe, Figuren von Lebewesen anzufertigen. Für Kinder heute geht es manchmal um bespielbare Figuren, manchmal eher um Bilder (»Das bist du!«). Oft scheint der Gesichtssinn den ersten Impuls zum Bauen zu geben, wenn ein Gegenstand durch angebrachte kreis- und strichförmige Bauteile plötzlich Augen, Nase, Mund bekommt: Was einen anschaut, muss man einfach weiterbauen.

Bauen Kinder Lebewesen nach, setzen sie sich wie beim Abzeichnen mit deren Aufbau auseinander: Welche »Bauteile« hat das Tier, der Mensch an welcher Stelle? Fragen der Stabilität werden oft berührt, vor allem bei Zweibeinern: »Wie mache ich, dass der stehen bleibt?« Wenn Kinder den Körper immer detaillierter nachbauen, entdecken sie bisweilen, dass dieser im Aufbau gut durchdachten Konstruktionen gleicht: Ein Gerüst in Form der Knochen hält uns aufrecht, offenbar sind auch maschinenähnliche Bauteile eingebaut, um zu denken, sich bewegen, Nahrung zu verarbeiten und den Körper mit Blut zu versorgen. Gerade bei den beweglichen Teilen lassen sich große Ähnlichkeiten zwischen Mensch

und Dingwelt finden: Ähneln sich Unter- und Oberarm einerseits und der Schwenkarm der Schreibtischlampe nicht stark?

Viel häufiger als um solche Fragen aber geht es um den Charakter einer Figur. Relativ zufällig – nämlich bedingt durch das Angebot an Baumaterial – bekommt die Figur Gesichts- und Körperausdruck: »Die lacht nett!«, »Der kuckt so böse!«, »Sieht wie eine bucklige Hexe aus!« Im Wechselspiel zwischen Materialangebot und damit erzeugtem Ausdruck entstehen so bauend ganz unverwechselbare Typen, anhand derer man spielend ergründen kann, warum Menschen oder Tiere so sind und so wirken, wie sie es tun.

Lebewesen-Fragen

- Was braucht ein Ding, damit es wie ein Lebewesen wirkt?
- Aus welchen Teilen besteht der Körper von Mensch oder Tier?
- An welche Körperform von Tier oder Mensch erinnert mich dieses Baumaterial?
- Wie kann ich erreichen, dass sich die Körperteile einer Figur wie beim Menschen bewegen lassen?
- Wie erreiche ich, dass mein Wesen steht?
- Welchen Gesichts- und Körperausdruck hat mein Lebewesen? Wie kann ich ihn verstärken oder abändern?

22+2

Bahnen

Schon früh bauen Kinder auch Bahnen – zunächst in ganz ursprünglichem Sinn als einfachen Weg für Fahrzeuge oder sich selbst. Das passt zur Wortherkunft: Bevor es die Bahn gab, gab es das Bahnen, also das Schlagen eines Weges durch die Wildnis. Im quirligen Leben von Kindergruppen können wir dieses Bahnen oft beobachten, etwa wenn der Buggy-Schieber mit lauter Stimme ruft: »Platz da, ich muss hier durch!« Oder am Schlittenhang wahlweise »Bahn frei, Kartoffelbrei!« oder »Freie Bahn, Kartoffelschmarrn!« skandiert wird. Auch, wenn Kinder tägliche Wege unterbrechen: »Sperre! Hier darf keiner durch!« Wieder einmal vollziehen Kinder etwas nach, was uns Menschen seit Anbeginn beschäftigt: In dem Durcheinander einen Weg schaffen – und absichern. Dabei dürften unsere Urmütter und -väter voll Neid beobachtet haben, wie souverän Naturkräfte ihre Wege schaffen: Der Fluss bahnt sich seinen Weg zum Meer auf gnadenlose Weise selbst durch dicken Fels. Unbeirrbar ziehen die Gestirne auf ihren himmlischen Bahnen.

Wer Bahnen baut, schafft Wege für sich und andere. Gleichzeitig bestimmt er auch, wo es langgeht: Die Lok auf den Schienen, die Murmel in ihrer Bahn müssen den von mir vorgegebenen Weg gehen.

Flüsse und Gestirne machen es vor: Besonders schön sind Bahnen, die wie von selbst befahren werden. Wer eine lange Bahn mit Gefälle baut, auf der Bälle oder Autos hinab ihrem Ziel entgegen geleitet werden, schafft zweierlei: Er hat dem unbewegten Ding Bewegung – und dieser Bewegung ein Ziel aufgezwungen.

Gute Bahnen setzen dem, was auf ihnen rollen oder gleiten soll, möglichst wenig Widerstand entgegen. Ihr Boden ist glatt, ihre seitlichen Begrenzungen halten das, was auf ihnen fahren soll, nicht auf.

Zu Bahnen gehören Brücken. Mit ihnen zeigt der Erbauer, dass er sich nicht nur einen Weg »ebnen«

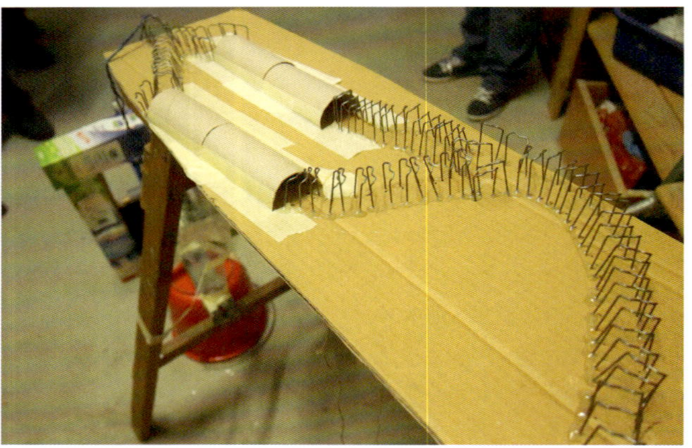

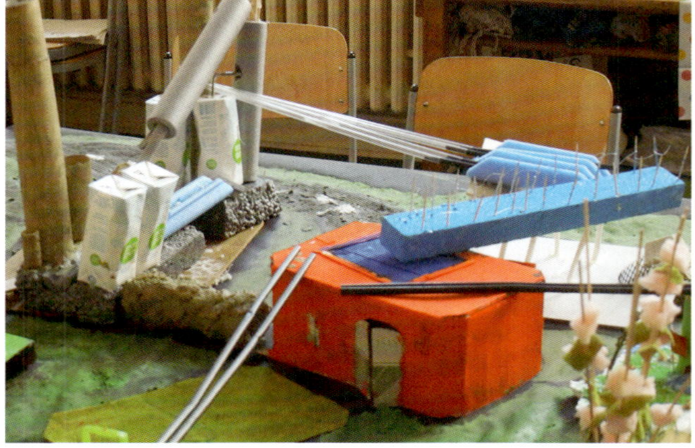

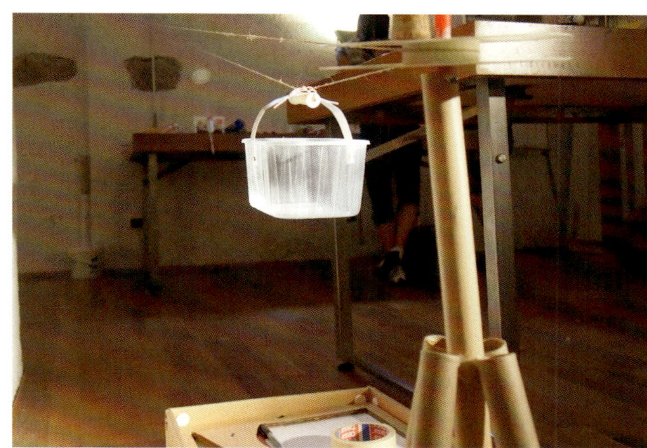

kann, sondern auch die dritte Dimension einbezieht: Seine Bahn kann über andere Bahnen oder Höhenunterschiede hinwegführen. Dafür kommt es nun nicht nur auf die Glätte der Bahn und die seitliche Führung an, sondern auf die Beherrschung der Statik – ähnlich wie beim Turmbau.

Bahn-Fragen

- Wie stark geneigt sollte meine Rollbahn sein, dass Kugeln oder Fahrzeuge gerade noch darauf weiter transportiert werden? Möglichst flach und lang – oder steil und kurz?
- Welche schönen, interessanten Punkte im Raum, im Freien sollten von meiner Bahn erreicht werden?
- Wie kann ich auf engem Raum eine möglichst lange Bahn – mit vielen Schleifen – erschaffen?
- Welche Weiten kann ich auf der Bahn überbrücken? Wie mache ich, dass meine Brücke vom Gewicht der drüberrollenden Dinge nicht einstürzt?
- Wie baue ich Tunnel? Wie mag es aussehen, wenn mein Roll-Ding dort drin unterwegs ist?
- Was kann ich machen, um Buckel auf meiner Bahn zu glätten und leicht überfahrbar zu machen?
- Kann man Dinge auch aufwärts oder horizontal über eine Bahn fahren lassen?
- Gibt es auch Bahnen in der Luft? Oder im Wasser?
- Wie ist es, in einer dunklen Geisterbahn unterwegs zu sein? Oder auf einer Achterbahn? Was tun, wenn man auf der Fahrt plötzlich aussteigen möchte?

Monster

Auch bei diesem Bau-Thema könnten uns Kinder wie Menschen aus vergangenen Zeiten vorkommen: Beide glauben an Monster – und versuchen diese malend oder bauend zu bannen und die Angst davor zu untersuchen. Spannend ist es, auf die Wortherkunft zu schauen: Der Ursprung des Monsters liegt beim lateinischen Wort »monere« – was »daran denken«, »mahnen« heißt, und das davon abgeleitete »Monstrum« war im alten Rom ein Mahnzeichen: Mit der Erschaffung scheußlicher Kreaturen erreichten die Götter, dass die Menschen voller Respekt an sie dachten. Wenn Kinder heute sagen »Ich muss immer an das Monster denken!«, trifft das also den Nagel doppelt auf den Kopf.

Monster als unsichtbare Kräfte bekommt man am besten in den Griff, indem man sie darstellt. Erst recht, wenn sie dabei ungeahnt lächerlich, weil übertrieben gefährlich oder insgeheim niedlich, aussehen. Baut man Monster nach, kann man sie als Spielfigur verwenden, um andere oder sich selbst zu erschrecken – und sie damit auf menschliches Maß zurückstutzen.

Was die Römer, die Menschen im Mittelalter oder in anderen Kulturen für ein Monstrum hielten, war niemals eines, sondern in der Regel ein fremdartig wirkendes Lebewesen – zum Beispiel einfach ein bisher unbekanntes Tier, wie vielleicht ein Nashorn für frühere Mitteleuropäer. Oder natürlich der Saurier,

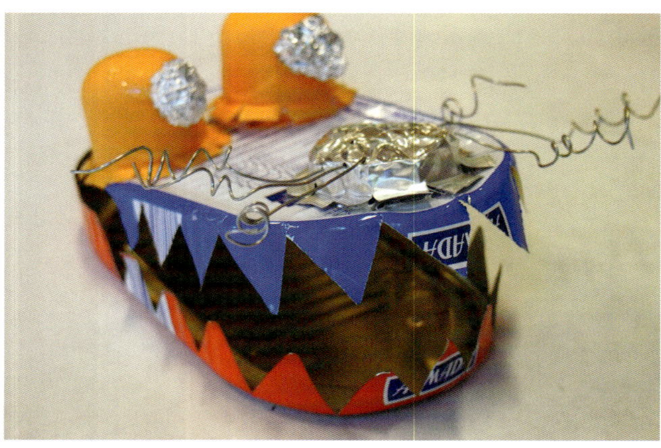

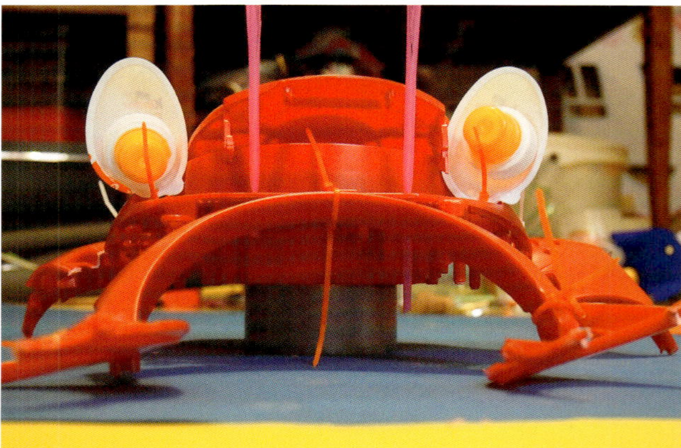

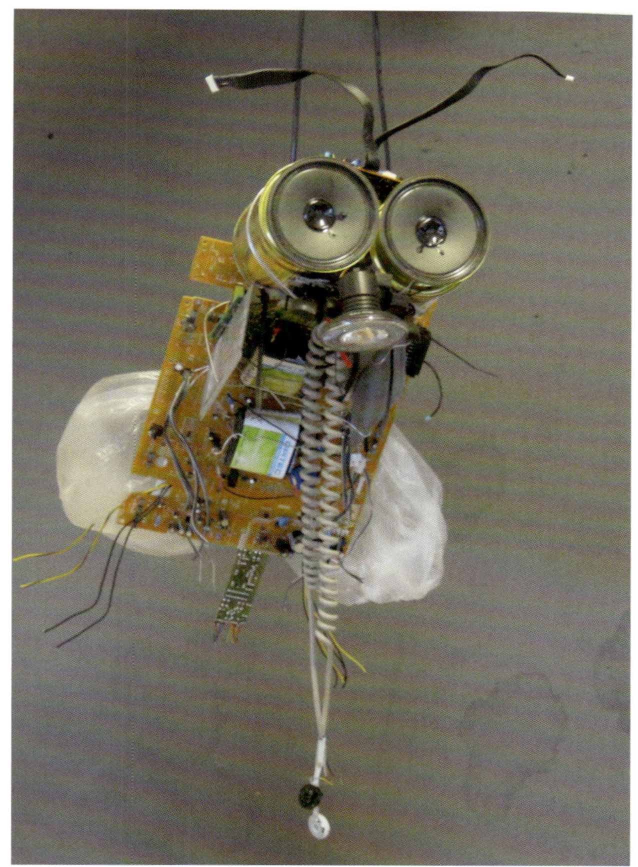

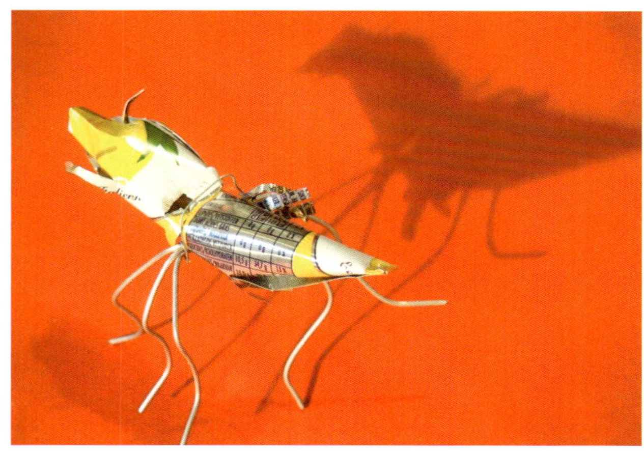

dessen Knochenfunde den Menschen früher als Beweis für die Existenz riesiger Drachen galt – ein Bild vom Monster, das auch bauende Kinder von heute noch prägt.

Als »Monster des Alltags« scheinen Insekten zu fungieren, deren »monströses« Aussehen uns nur durch die geringe Größe nicht bewusst wird. Bauende Kinder scheinen es genauso wie Horrorfilmmacher zu lieben, mit Rieseninsekten den Kitzel um die Monster-Angst heraufzubeschwören.

Monster-Fragen

- Wodurch sieht ein Gesicht gefährlich, bedrohlich, böse aus?
- Wodurch sieht die Gestalt eines Lebewesens gefährlich, bedrohlich aus?
- Was muss bei einem Tier, einem Menschen anders sein, damit es oder er wie ein Monster wirkt? Reichen mehr Arme, Augen, Beine als gewöhnlich?
- Können Monster knuffig, lieb, niedlich aussehen?
- Warum sehen Insekten – für manche Menschen zumindest – eklig aus?
- Wie sähe es aus, wenn wir kleiner als die Fliegen wären?
- Wie wäre es, selbst ein Monster zu sein, vor dem sich andere fürchten?
- Was hilft an praktischen Vorkehrungen gegen Monster?
- Was sind Vampire, Zombies, Dämonen, Geister?
- Gibt es »echte« Monster? Echte Gefahren, die wie Monster unter dem Bett lauern können?
- Hilft es, wenn man sich mit gefürchteten Unter-Bett-Monstern anfreundet?

PbF
LVA20055-
11
A1

Wundermaschinen

Maschinen – vom Smartphone über das Elektro-Kleingerät bis zu großen Fahrzeugen, Generatoren, Pumpwerken – prägen den Alltag heutiger Kinder. Sie sind nicht zufällig da, verstehen Kinder irgendwann, sondern wurden aufgrund konkreter Bedürfnisse von Menschen erfunden. Ihr Erfinder, überlegen Kinder oft, hat Klugheit und Ideenreichtum bewiesen und damit etwas Nützliches für viele geschaffen. Ein guter Grund, selbst eigene Erfindungen zu machen, wo man sich doch offenbar ohnehin auf das Erfinden und Basteln versteht ... Auf diese Weise entstehen Pläne und Modelle für »Wundermaschinen«, mit denen das Kind glaubt, ein erkanntes Problem lösen zu können – zumindest, wenn es seine Erfindung »bald« in groß umsetzt.

Wenn Kinder solche Maschinen »erfinden« – ganz egal ob diese in irgendeiner Form die zugeschriebenen Funktionen haben oder zumindest erahnen lassen, lohnt es sich, sich als Erwachsener ins Gespräch mit dem »Erfinder« zu begeben. Schließlich erzählt dieser oder diese mit und ohne Werkzeug und Skizzierstift darüber, warum er oder sie die Maschine erfinden will: Vielleicht, um Ängste loszuwerden. Um Arbeiten abzugeben, die man als ungerecht oder langweilig empfindet. Um alltägliche Probleme vom Streit mit Geschwistern bis zum Zuspätkommen besser in den Griff zu kriegen. Voraussetzung dafür, dass wir diese Geschichten erfahren, ist es wohl, dass wir nicht sofort auf die reale Ebene überwechseln und streng sagen:

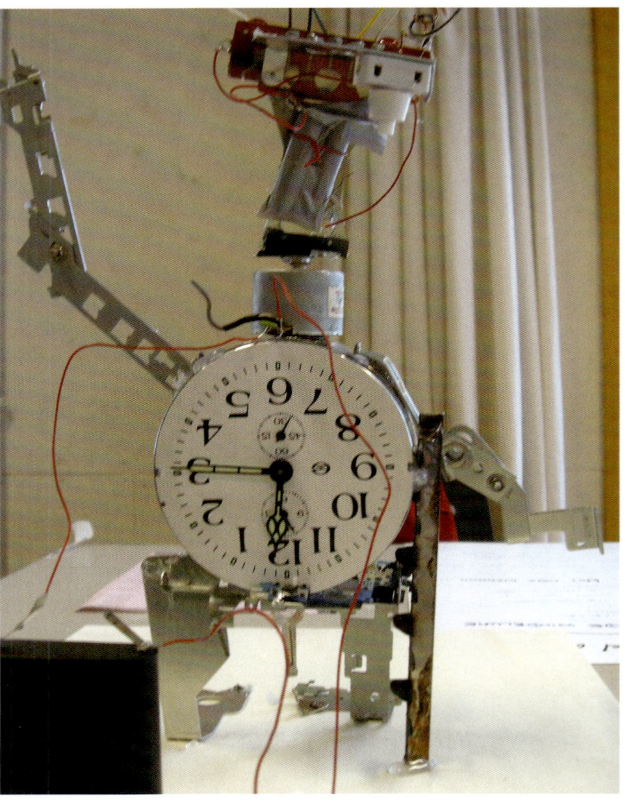

»Weißt du, deine Schwester damit zu bestrafen, gefällt mir gar nicht. Gibt es nicht eine bessere Lösung?« Nein, uns sollte eine solche Wundermaschine immer Anlass sein, um Fragen zu stellen: »Und was passiert, wenn dein Bruder dort antippt?«

»Was passiert, wenn…« ist ohnehin die beste Frage für Wundermaschinen aller Art. Denn eine besondere Eigenschaft dieser Geräte ist es, dass sie naturwissenschaftliches, mechanisches, physikalisches Vorwissen auf spielerische Art und Weise nutzen. Lange bevor das Kind wirklich Geräte erfinden kann, die diese oder einfachere Kräfte ausnutzen, untersucht es sie in diesem Erfinde-Spiel. Lassen wir uns die gedachte Funktionsweise einer dieser Kindererfindungen erklären, erfahren wir dabei, welche technischen Zusammenhänge der Erbauer schon verstanden hat. Etwa wenn Kraftübertragungssysteme (»Hier dreht sich das, und über Zahnräder geht die Kraft dann weiter.«), fantastische Schaltsysteme (»Hier ist ein Schalter, der entscheidet, ob entweder Schoko- oder Erdbeergeschmack rauskommt.«) oder Energiequellen beschrieben werden (»Wasser läuft hier runter und treibt ein Mühlrad an.«, »Hier sitzt die stärkste Batterie der Welt!«).

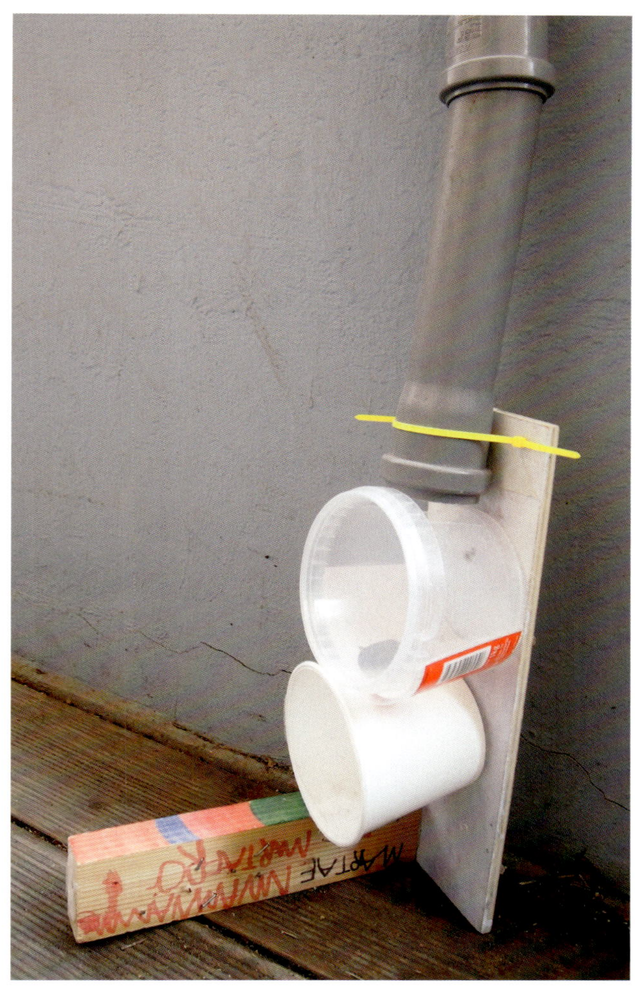

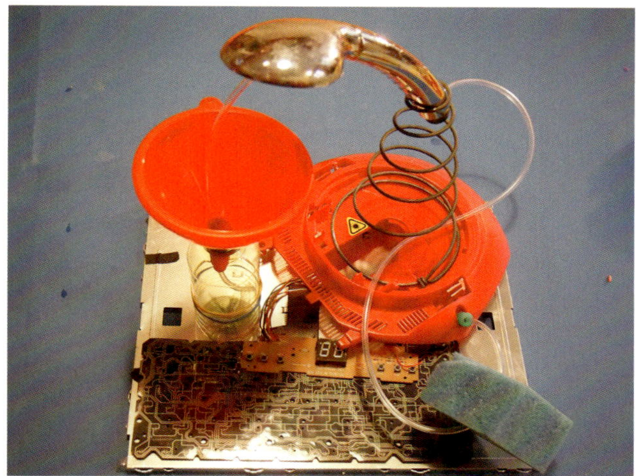

Wundermaschinen-Fragen

- Welche realen »Wunder«-Maschinen gibt es?
- Welche Funktion haben die Bauteile im Inneren echter Maschinen?
- Welche Formen von Kraftübertragung, Antrieb, Energieversorgung gibt es?
- Welche Tätigkeiten könnten Maschinen tatsächlich übernehmen, welche eher nicht (Zeitreise, unsichtbar machen ...)?
- Welche aktuellen Problemlagen gibt es, für die eine neue Erfindung eine Lösung darstellen könnte?
- Gibt es – durchaus auch mühsame – Tätigkeiten, die man doch lieber selbst erledigen sollte?
- Welche Maschinen aus unserem Alltag dürften Menschen der Vergangenheit wie »Wundermaschinen« vorkommen?
- Welche realen oder erdachten Maschinen verursachen mehr Schaden als Nutzen?

Aufhören

Wann ist es Zeit, aufzuhören? Wenn das Bauwerk fertig ist, wenn es also hält, funktioniert, gut aussieht, dem Plan entspricht? Oder wenn der Effekt – die Fragestellung, die neue Bautechnik – die einen zum Bauen reizte, ausgereizt ist?

Beim Bauen mit Kindern (und manchmal auch Erwachsenen) erleben wir beides: Kinder, die sich durch Höhen und Tiefen im Bauprozess durchbeißen, um am Ende ihr gewünschtes Ergebnis in den Händen zu halten. Und andere, die ein groß angekündigtes Projekt beginnen, lange daran herumforschen, um es dann plötzlich aufzugeben. Letzteres ist übrigens typisch für Jungen, an die viele beim Stichwort »Bauen« zuerst denken.

Es stehen zwei Prinzipien im Widerspruch zueinander: Anders als beim Spiel erwarten wir beim Bauen per se ein fertiges Produkt als Ergebnis. Und doch betreiben diese Aktivität Kinder in einem Alter, wo es viel mehr um den Prozess als um das Ergebnis geht – und entsprechend am Ende »nichts Greifbares« dabei herauskommt. Diese Kinder enttäuschen beim Bauen quasi erwachsene Erwartungen, und das kann zu sanfter Kritik führen: »Der muss lernen, bei einer Sache zu bleiben« und »Dinge zum Ende zu bringen«, statt »bei der ersten Schwierigkeit aufzugeben«. Sätze, die man beim freien Spiel nicht verwenden würde, sondern von »immer neuen Einfällen« spräche.

»Nichts Greifbares« kommt manchmal heraus – und das passt: Nicht zu greifen, aber zweifelsohne vorhanden, sind all die Lernprozesse, die Kinder beim Tüfteln, Erproben, Verwerfen haben, auch wenn dabei kein Objekt am Ende steht. Das ist nicht anders als bei naturwissenschaftlichen Experimenten: Auch vom Backpulver-Essig-Experiment bleibt »nichts Greifbares« zurück außer Matsche auf dem Tisch – und der faszinierenden Erkenntnis, dass Stoffe ihr Volumen vergrößern können.

Kein Bedauern also, wenn am Ende des Bauens die verwendeten Alltagsmaterialien nicht alle zu Kunstwerken verzaubert wurden, sondern wieder für neue Bauvorhaben recycelt werden oder doch noch zerspielt und zerbaut im Abfalleimer landen.

Es muss nichts dabei herauskommen, um sagen zu können: »Da kommt was bei raus!«

Danksagung und Autor

Danksagung

Viele der in diesem Heft enthaltenen Abbildungen entstammen zwei Veranstaltungen, bei denen die Potentiale des Bauens für Kinder in besonderer Form Würdigung erfuhren: Die Ausstellung »Das kompetente Kind« in Luxemburg, vorbereitet durch das Fortbildungsinstitut des freien Trägers arcus, sowie der Forschertag »Einstein freut sich« unter der Regie des Jugendamtes Stuttgart. Den Institutionen und vielen Mitwirkenden sei an dieser Stelle herzlich gedankt!

Michael Fink

Autor

Michael Fink ist ausgebildeter Kunstpädagoge. Er hat lange Zeit mit kleinen und großen Kindern gemalt, gebaut, getüftelt. Seinen reichhaltigen Erfahrungsschatz über das Arbeiten mit Kindern gibt er inzwischen in verschiedener Form weiter: Er hat über 40 Fachbücher für PädagogInnen zu vielen Themen im Elementarbereich verfasst, baut interaktive Ausstellungen und führt regelmäßig Fortbildungen mit ErzieherInnen und LehrerInnen durch.

Eines seiner »Lieblingsthemen« ist das Bauen – weil er auch bei erwachsenen Fortbildungsteilnehmerlnnen immer wieder erlebt, welches Potential für naturwissenschaftlich-technisches wie kreatives Lernen darin steckt. »Bauen macht nicht nur schlau, sondern auch glücklich«, stellt er nach mehrtägigen Seminaren voller Praxis und Reflexion immer wieder fest.

Kontakt

Michael Fink – Gute Pädagogik in Wort, Bild, Tat
Immanuelkirchstraße 15
10405 Berlin
030/2396 2932